Office Challenge
Bucketlist für Kollegen

77 lustige Challenges & unterhaltsame
Aufgaben für den ultimativen Bürospaß

Tim Zweig

happy
mind
books.

TIM ZWEIG

OFFICE CHALLENGE
BUCKETLIST
FÜR KOLLEGEN

77 lustige Challenges
& unterhaltsame
Aufgaben für den
ultimativen Bürospaß

happy mind books.

Deutschsprachige Erstausgabe Dezember 2023
Copyright © 2023 Tim Zweig

1. Auflage
ISBN: 978-3-910953-10-9

INHALT

EINLEITUNG

Herzlich willkommen zu „Office Challange - Bucketlist für Kollegen"! Bist du bereit, einzigartige Büroerlebnisse zu schaffen? Dann tauche ein in unsere Büro-Bucketlist und lass den Arbeitsalltag zu einem Abenteuer voller Lachen, Kreativität und Teamgeist werden.

Acht einzigartige Themenbereiche warten nur darauf, von dir und deinen Kollegen entdeckt zu werden. Ihr findet in diesem Buch beispielsweise Wege, um den Zusammenhalt im Team zu stärken und die Verbindung von euch untereinander zu vertiefen. Auch soll der Spaß nicht zu kurz kommen. Mit unseren vorgeschlagenen Herausforderungen lockert sich der Arbeitsalltag wie von Zauberhand auf.

Die Ideen sind schnell zu planen und umzusetzen und meistens braucht es gar nicht viel, um für ordentliche Lacher zu sorgen, euch besser kennenzulernen und sich gemeinsam etwas aufzubauen.

Die Grundstimmung im Büro wird sich mit dieser Bucketlist auf ein neues, besseres Level heben! Dein täglicher Gang ins Büro wird also nie mehr derselbe sein – sei bereit für eine Reise voller Freude und unvergesslicher Büromomente!

KAPITEL 1

KREATIVE KÖPFE IM EINSATZ

1. GESTALTE EIN BÜROMOTTO FÜR DIE WOCHE UND TEILE ES IM TEAM.

5 MOTTOS:

1. **"LÄCHLE MEHR"-WOCHE:**
   Setze auf positive Energie im Büro, indem jeder versucht, öfter zu lächeln und eine freundliche Atmosphäre zu schaffen.

2. **"GEMEINSAM STARK"-WOCHE:**
   Fördere Teamarbeit und Zusammenhalt. Jeder kann kleine Gesten der Unterstützung zeigen und gemeinsam an Projekten arbeiten.

3. **"KREATIVITÄTS-BOOSTER"-WOCHE:**
   Ermutige das Team, seine kreativen Seiten zu zeigen. Bringe bunte Stifte, Post-its oder andere Materialien ins Büro und schaffe eine inspirierende Umgebung.

4. **"GESUNDE PAUSE"-WOCHE:**
   Setze den Fokus auf Gesundheit. Teile gesunde Snacks, organisiere gemeinsame kurze Pausen für Dehnübungen oder gehe mit deinen Kollegen spazieren.

5. **"DANKBARKEITS-EXPRESS"-WOCHE:**
   Jeden Tag notiert jeder etwas, wofür er dankbar ist, und teilt es im Team. Das schafft eine positive Einstellung und stärkt die Wertschätzung im Büro.

2. INITIIERE EINEN „KREATIVITÄTSSTURM" – EINE 10-MINÜTIGE GEMEINSAME BRAINSTORMING-SESSION.

ERGEBNISSE:

....
....
....
....
....
....
....
....

DURCHGEFÜHRT AM: .... UM: ....

FAND ICH:

😃 😊 😋 😎 😗 😛 😣 😆 😍 😟 😵 🙁 🤢 😲 😣 😖 ☹ 😙

WER HAT MITGEMACHT: ....

....

....

3. ORGANISIERE EINEN „SCHREIBTISCH-DEKORATIONSTAG" UND PRÄMIERE DEN KREATIVSTEN ARBEITSPLATZ.

WER HAT GEWONNEN?

PLATZ 1: ....

PLATZ 2: ....

PLATZ 3: ....

DURCHGEFÜHRT AM: .... UM: ....

FAND ICH:

😀 😊 😉 😎 😚 😛 😋 😝 😘 😠 😐 😕 🤢 😤 😣 😵 😖 😜

WER HAT MITGEMACHT: ....

....

....

4. ERSTELLE EIN BÜRO-MEME UND TEILE ES IN DER TEAMKOMMUNIKATION.

DAS BESTE MEME VON:

PLATZ FÜR FOTOS

DURCHGEFÜHRT AM: .... UM: ....

FAND ICH:

😋 😊 😌 😎 😋 🤤 🥴 🤪 👽 😵 😐 😟 🤢 😲 😣 😖 😞 😵

WER HAT MITGEMACHT: ....

....

....

5. ENTWICKLE EINE ORIGINELLE SIGNATUR FÜR DEINE E-MAILS UND LASS DIE KOLLEGEN ABSTIMMEN, WELCHE AM BESTEN ANKOMMT.

DURCHGEFÜHRT AM: .... UM: ....

FAND ICH:

WER HAT MITGEMACHT: ....

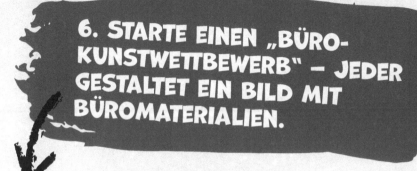

6. STARTE EINEN „BÜRO-KUNSTWETTBEWERB" – JEDER GESTALTET EIN BILD MIT BÜROMATERIALIEN.

GEWONNEN HAT:

PLATZ FÜR FOTOS

DURCHGEFÜHRT AM: .... UM: ....

FAND ICH:

😁 😊 🙂 😎 😋 🤤 😗 😝 😛 😠 😖 😕 😟 😫 😲 😣 😵 😦 😜

WER HAT MITGEMACHT: ....

....

....

DURCHGEFÜHRT AM: .... UM: ....

FAND ICH:

WER HAT MITGEMACHT: ....

....

....

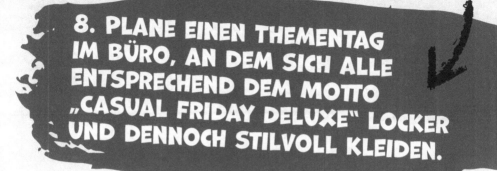

8. PLANE EINEN THEMENTAG IM BÜRO, AN DEM SICH ALLE ENTSPRECHEND DEM MOTTO „CASUAL FRIDAY DELUXE" LOCKER UND DENNOCH STILVOLL KLEIDEN.

PLATZ FÜR FOTOS

DURCHGEFÜHRT AM: .... UM: ....

FAND ICH:

😄 😊 😋 😎 😗 😛 😊 😙 😛 😠 😐 😕 😣 😲 😖 😵 ☹ 😜

WER HAT MITGEMACHT: ....

....

....

9. ORGANISIERE EINE „KREATIVE PAUSE" MIT KURZEM, SPONTANEM MALEN ODER ZEICHNEN.

BESCHREIBE DEINE ZEICHNUNG

....

....

....

....

....

....

....

....

....

DURCHGEFÜHRT AM: .... UM: ....

FAND ICH:

😀 😊 🙂 😎 😋 😜 😳 😁 😋 😨 😣 😐 🙁 😬 😠 😖 😵 😣 😝

WER HAT MITGEMACHT: ....

....

....

10. FÜHRE EINEN „BÜRO-QUIZ-WETTBEWERB" ZU AKTUELLEN POPKULTUR-THEMEN DURCH.

WER HAT GEWONNEN?

PLATZ 1: ....

PLATZ 2: ....

PLATZ 3: ....

DURCHGEFÜHRT AM: .... UM: ....

FAND ICH:

😃 😊 😋 😎 😜 😝 😛 🤪 😚 😟 😐 😕 😣 😮 😖 😵 😣 😕

WER HAT MITGEMACHT: ....

....

KAPITEL 2

TEAM-BONDING-CHALLENGES

11. ORGANISIERE EIN VIRTUELLES TEAMBUILDING-EVENT MIT LUSTIGEN SPIELEN.

5 SPIELE:

„EMOJI PICTIONARY"-CHALLENGE:
- Jeder wählt ein Emoji aus und zeichnet es auf Papier.
- Die Zeichnungen werden im Video-Meeting gezeigt.
- Die Teammitglieder raten, welches Emoji es ist.

„2 TRUTHS AND A LIE"-LIGHTNING-ROUND:
- Jeder sagt drei Aussagen über sich, davon ist eine falsch.
- Die Teammitglieder müssen raten, welche Aussage die Lüge ist.
- Schnell und lustig!

„VIRTUAL SCAVENGER HUNT":
- Der Host gibt ein Objekt vor (z. B. Hausschuh).
- Die Teammitglieder haben 1 Minute Zeit, das Objekt zu finden und es vor der Kamera zu präsentieren.
- Kreativität und Tempo sind gefragt.

„ONLINE-BINGO":
- Vorab erstellte Bingo-Karten werden an alle verschickt.
- Der Host gibt lustige Aufgaben vor, die die Teilnehmer online erfüllen müssen (z. B. "Hebt eine imaginäre schwere Box hoch").
- Ziel ist es, als Erster eine Reihe oder Spalte zu vervollständigen.

CHARADES CHALLENGE" – VIRTUELLE EDITION:
- Die Teammitglieder spielen Pantomime über die Kamera am PC.
- Die anderen raten, was dargestellt wird.
- Ein Spass für alle und förderlich für die Zusammenarbeit.

12. STARTE EINEN BÜRO-FITNESS-TAG MIT KURZEN GRUPPENÜBUNGEN.

DIE BESTEN ÜBUNGEN:

....

....

....

....

....

....

....

....

....

DURCHGEFÜHRT AM: .... UM: ....

FAND ICH:

😃 😊 😉 😎 😏 😜 😵 🤪 😕 😠 😟 🙁 😱 😲 😣 😖 ☹ 🤤

WER HAT MITGEMACHT: ....

....

....

13. TEILE PERSÖNLICHE FAKTEN IN EINEM „WER BIN ICH?"-SPIEL UND LERNE DAS TEAM BESSER KENNEN.

PLATZ FÜR FOTOS

DURCHGEFÜHRT AM: .... UM: ....

FAND ICH: 😃 😊 😌 😎 😏 😜 😋 😝 😶 😠 😐 🙁 😩 😮 😣 😵 😦 😛

WER HAT MITGEMACHT: ....

....

....

14. INITIIERE EINEN „RANDOM ACT OF KINDNESS"-TAG, AN DEM JEDER EINEM KOLLEGEN EINE KLEINE FREUDE BEREITET.

MEINE IDEEN

....

....

....

....

....

....

....

....

....

DURCHGEFÜHRT AM: .... UM: ....

FAND ICH:

😃 😊 😌 😎 😗 😛 🤪 😋 😈 😠 😨 🙁 🤢 😮 😣 😵 😞 😝

WER HAT MITGEMACHT: ....

....

....

15. PLANE EIN GEMEINSAMES MITTAGESSEN AUSSERHALB DES BÜROS.

WOHIN SOLL ES GEHEN?

....

....

....

....

....

....

....

....

DURCHGEFÜHRT AM: .... UM: ....

FAND ICH:

😃 😊 😌 😎 😋 😛 😳 🤪 😜 😐 🙁 😖 😮 😣 😵 😟 😝

WER HAT MITGEMACHT: ....

....

....

16. ERSTELLE EIN TEAMMOTTO ODER EINEN SLOGAN, DER DEN TEAMGEIST REPRÄSENTIERT.

UNSER BESTER SLOGAN

....

....

....

....

....

....

....

....

....

DURCHGEFÜHRT AM: .... UM: ....

FAND ICH:

😃 😊 😌 😎 😋 😛 😐 😝 😜 😠 😣 😟 🙁 😲 😫 😖 😞 😺

WER HAT MITGEMACHT: ....

....

....

17. ORGANISIERE EINE VIRTUELLE KAFFEEPAUSE, UM ÜBER NICHT-ARBEITSBEZOGENES ZU PLAUDERN.

MACH EINEN SCREENSHOT

DURCHGEFÜHRT AM: .... UM: ....

FAND ICH:

😇 😊 😌 😎 😋 😛 😝 😍 😈 😟 😰 🙁 😩 😠 😣 😵 😞 😗

WER HAT MITGEMACHT: ....

....

....

....

18. STARTE EINE „TEAM-WISSENS-MEISTERSCHAFT" MIT UNGEWÖHNLICHEN FAKTEN ÜBER DIE KOLLEGEN.

DIE BESTEN UND UNGEWÖHNLICHSTEN FAKTEN

PLATZ 1: ....

....

....

PLATZ 2: ....

....

....

PLATZ 3: ....

....

....

DURCHGEFÜHRT AM: .... UM: ....

FAND ICH:

😃 🙂 😊 😎 😏 😛 😢 😀 😲 😠 😐 🙁 😫 😮 😣 😵 🙁 😜

WER HAT MITGEMACHT: ....

....

....

19. FÜHRE EINE „BLITZ-DISKUSSION" ZU WITZIGEN THEMEN IM BÜRO DURCH.

DARÜBER HABEN WIR GESPROCHEN

....
....
....
....
....
....
....
....
....

DURCHGEFÜHRT AM: .... UM: ....

FAND ICH:

😃 😊 🙂 😎 😛 😋 😣 😆 😜 😟 😨 ☹️ 😫 😲 😣 😵 🙁 🥴

WER HAT MITGEMACHT: ....

....

....

20. INITIIERE EINE „BÜRO-SCHNITZELJAGD" MIT RÄTSELN UND CHALLENGES FÜR DAS TEAM.

5 CHALLENGES:

„RÄTSEL-CHALLENGE":
- Rätsle dich durch das Büro, um den nächsten Hinweis zu finden.
- Tipp: Der Ort, an dem du alle wichtigen Mitteilungen liest.

„DESK-YOGA-CHALLENGE":
- Mache ein kurzes Yoga-Video am Schreibtisch.
- Zeige eine entspannende Pose und fordere ein Teammitglied heraus, es nachzumachen.

„COFFEE-ART-MEISTERWERK":
- Erstelle ein Kunstwerk auf deinem Kaffee.
- Fotografiere es und teile das Bild als Beweis.

„RATE DAS ARBEITSGERÄUSCH":
- Nimm ein Geräusch im Büro auf (Drucker, Kaffeemaschine usw.).
- Die anderen müssen raten, welches Gerät das Geräusch macht.

„TEAM-HIGH-FIVE-CHALLENGE":
- Schicke ein virtuelles „High five" an ein Teammitglied.
- Fordere sie auf, es zurückzuschicken und so eine virtuelle High-five-Kette zu erstellen.

KAPITEL 3

BÜRO-CHALLENGE MARATHON

21. FÜHRE EINE „SPEED-DESK-CHANGE-CHALLENGE" DURCH – KOLLEGEN WECHSELN FÜR EINE KURZE ZEIT DIE SCHREIBTISCHE, UM IHRE PERSPEKTIVE ZU ÄNDERN.

WER HAT WO GESESSEN?
WAS IST MIR AUFGEFALLEN?

DURCHGEFÜHRT AM: .... UM: ....

FAND ICH:

😀 😊 😌 😎 😋 🤪 😣 😝 😛 😟 😐 🙁 😧 😤 😵 😣 😹

WER HAT MITGEMACHT: ....

....

....

22. ORGANISIERE EINEN „KURZFILM-WETTBEWERB" – TEAMS ERSTELLEN IN KURZER ZEIT LUSTIGE BÜROVIDEOS.

WER HAT GEWONNEN?

PLATZ 1: ....

....

....

PLATZ 2: ....

....

....

PLATZ 3: ....

....

....

DURCHGEFÜHRT AM: .... UM: ....

FAND ICH:

😃 😊 🙂 😎 😋 😛 😅 😆 😇 😠 😐 😕 😫 😲 😖 😵 😣 😜

WER HAT MITGEMACHT: ....

....

....

23. STARTE EINEN „BÜRO-SCAVENGER-HUNT" – KOLLEGEN SUCHEN NACH LUSTIGEN ODER KURIOSEN GEGENSTÄNDEN IM BÜRO.

WER HAT GEWONNEN?

PLATZ 1: ....
....
....

PLATZ 2: ....
....
....

PLATZ 3: ....
....
....

DURCHGEFÜHRT AM: .... UM: ....

FAND ICH:

😋 😊 🙂 😎 🤫 🤤 🤭 🤪 😛 😠 😐 😕 😫 🤮 😣 😵 😔 😉

WER HAT MITGEMACHT: ....
....
....

24. INITIIERE EINE „SPONTANE-REDE-CHALLENGE" – JEDER HÄLT KURZ EINE IMPROVISIERTE REDE ZU EINEM LUSTIGEN THEMA.

DARÜBER HABEN WIR GESPROCHEN

....

....

....

....

....

....

....

....

....

DURCHGEFÜHRT AM: .... UM: ....

FAND ICH:

😋 🙂 😊 😎 🥰 🤤 🤪 😄 😛 😧 😐 🙁 😫 😮 😣 😵 😟 😬

WER HAT MITGEMACHT: ....

....

....

25. PLANE EINEN „KREATIV-DESK-TAG" – KOLLEGEN DEKORIEREN IHREN SCHREIBTISCH AUF UNGEWÖHNLICHE UND KREATIVE WEISE.

PLATZ FÜR FOTOS

DURCHGEFÜHRT AM: .... UM: ....

FAND ICH:

WER HAT MITGEMACHT: ....

....

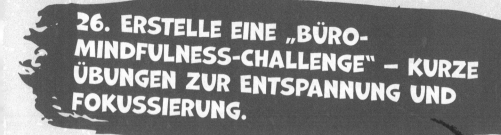

26. ERSTELLE EINE „BÜRO-MINDFULNESS-CHALLENGE" – KURZE ÜBUNGEN ZUR ENTSPANNUNG UND FOKUSSIERUNG.

FOKUS AUF DIE SINNE:

- Setze dich bequem hin und nimm bewusst wahr, was du siehst, hörst und fühlst.
- Richte deine Aufmerksamkeit auf einen Gegenstand im Raum und betrachte ihn eingehend.
- Lausche den Geräuschen um dich herum und spüre die Textur eines Gegenstands in deiner Nähe.
- Diese Übung hilft, den Fokus zu schärfen, ohne sich auf die Atmung zu konzentrieren.

FINGERLABYRINTH:

- Reibe deine Hände aneinander, um sie zu erwärmen.
- Schließe die Augen und nimm eine Handfläche in die andere.
- Verwende die Fingerspitzen, um ein unsichtbares Labyrinth zu „gehen".
- Konzentriere dich auf die Bewegung und atme ruhig.

BLICKPUNKT-ÜBUNG:

- Wähle einen Punkt in deinem Sichtfeld aus.
- Fixiere diesen Punkt und achte auf deine Atmung.
- Lasse alle Gedanken vorbeiziehen, während du weiterhin entspannt auf den Punkt schaust.

BLINKENDE MEDITATION:

- Setze dich aufrecht hin und schließe die Augen.
- Konzentriere dich auf das natürliche Blinken deiner Augen.
- Lass deine Gedanken kommen und gehen, ohne dich daran zu heften.

HÄNDE-MINDFULNESS:

- Lege deine Hände vor dich auf den Tisch.
- Spüre die Textur des Tisches unter deinen Händen.
- Schließe die Augen und konzentriere dich auf die Empfindungen in deinen Händen – Wärme, Druck, oder Kühle.

DURCHGEFÜHRT AM: .... UM: ....

FAND ICH:

😃 😊 😌 😎 😳 😛 🤢 😋 😮 😟 😐 🙁 😧 😱 😣 😵 😖 🙃

WER HAT MITGEMACHT: ....

....

....

27. ORGANISIERE EINEN „BÜRO-IMPRO-THEATER-WORKSHOP" – GEMEINSAMES IMPROVISATIONSTHEATER FÜR EINEN KREATIVEN AUSBRUCH.

PLATZ FÜR FOTOS

DURCHGEFÜHRT AM: .... UM: ....

FAND ICH:

😀 😊 😋 😎 😝 😜 🤪 😛 👽 😳 😐 😕 😫 😮 😣 😵 😧 😲

WER HAT MITGEMACHT: ....

....

....

28. FÜHRE EINEN „KURZGESCHICHTEN-SCHREIBWETTBEWERB" DURCH – KOLLEGEN VERFASSEN KURZE, HUMORVOLLE GESCHICHTEN ÜBER DEN BÜROALLTAG.

WER HAT GEWONNEN?

PLATZ 1: ....

....

....

PLATZ 2: ....

....

....

PLATZ 3: ....

....

....

DURCHGEFÜHRT AM: .... UM: ....

FAND ICH:

😃 😊 😋 😎 😍 😜 😝 😆 😠 😡 😐 😟 😫 😮 😣 😵 😞 😕

WER HAT MITGEMACHT: ....

....

....

29. STARTE EINE „BÜRO-PLAYLIST-CHALLENGE" – JEDER MITARBEITER SUCHT EINEN SONG FÜR DIE BÜRO-PLAYLIST AUS.

DIE BESTEN SONGS:

....

....

....

....

....

....

....

....

....

DURCHGEFÜHRT AM: .... UM: ....

FAND ICH:

😃 😄 😊 😎 😋 😛 😖 😝 🤸 😈 😐 🙁 🥱 😲 🙁 😵 😞 😵‍💫

WER HAT MITGEMACHT: ....

....

....

30. INITIIERE EINEN „BÜRO-PRANK-TAG" – DABEI GEHT ES UM HARMLOSE STREICHE, DIE FÜR LACHER IM TEAM SORGEN.

5 PRANKS:

1. TASTATUR-TAUSCH:

Vertausche die Tastaturen der Kollegen, um für einen amüsanten Moment der Verwirrung zu sorgen. Die Reaktionen beim Versuch, die eigenen Tasten zu finden, sind unbezahlbar.

2. BILDSCHIRM-SCREENSHOT:

Mache einen Screenshot vom Desktop eines Kollegen und setze diesen als Hintergrundbild. Beobachte die Verwirrung, wenn sie versuchen, auf ihre „Icons" zu klicken.

3. UMGEKEHRTE MAUS:

Drehe die Maus eines Kollegen um oder tausche den Mauszeiger um. Das wird für einige lustige, aber harmlose Verwirrung sorgen.

4. BÜROSTUHL-KONFETTI:

Verstecke kleine Konfetti oder Luftballons unter dem Bürostuhl eines Kollegen. Wenn sie sich setzen, gibt es eine Überraschung und einige Lacher im Büro.

5. KAFFEETASSEN-VERWECHSLUNG:

Tausche die Kaffeetassen der Kollegen aus, sodass sie plötzlich eine andere Tasse in der Hand halten. Das wird sicherlich für einige Verwirrung beim morgendlichen Kaffeeritual sorgen.

KAPITEL 4
PAUSEN-SPASS UND ENERGIE-BOOST

31. FÜHRE EINE „PAUSEN-TANZPARTY" EIN – KURZE TANZPAUSEN, UM ENERGIE ZU TANKEN.

PLATZ FÜR FOTOS

DURCHGEFÜHRT AM: .... UM: ....

FAND ICH:

😊 😊 😊 😎 😘 😛 😳 😋 😍 😟 😐 🙁 😧 😡 😣 😵 ☹ 😕

WER HAT MITGEMACHT: ....

....

....

32. ERSTELLE EINE LISTE MIT WITZIGEN „BÜRO-TRIVIA-FRAGEN" UND HALTE EIN QUIZ.

HIER GIBT ES 10 BEISPIELFRAGEN:

FRAGE: WAS IST DAS BELIEBTESTE BÜROGETRÄNK?

A) Kaffee

B) Tee

C) Cola

D) Karotten-Smoothie

FRAGE: WELCHE BÜROARTIKEL VERSCHWINDEN AM HÄUFIGSTEN?

A) Stifte

B) Haftnotizen

C) Büroklammern

D) Mauspads

FRAGE: WAS IST DER BESTE WEG, EINEN LANGEN ARBEITSTAG ZU ÜBERSTEHEN?

A) Kaugummi kauen

B) Alle zwei Stunden aufstehen

C) Einen Mittagsschlaf machen

D) Kaffeepausen im Minutentakt

FRAGE: WELCHE TASTENKOMBINATION WIRD VERWENDET, UM EINEN TEXT ZU KOPIEREN?

A) Ctrl + X

B) Ctrl + V

C) Ctrl + C

D) Ctrl + Z

FRAGE: WIE NENNT MAN EINEN FEHLER IN DER CODEZEILE, DER NICHT SOFORT ZU EINEM FEHLER FÜHRT?

A) Feature

B) Bug

C) Glitch

D) Debug

FRAGE: WAS IST DIE OFFIZIELLE WÄHRUNG IN DER KAFFEEPAUSEN-WELTMEISTERSCHAFT?

A) Koffein Credits

B) Zuckermünzen

C) Espressobucks

D) Latte Dollars

FRAGE: WARUM TRÄGT DER COMPUTER EINE BRILLE?

A) Um besser zu sehen

B) Um nicht zu blinken

C) Um gegen Viren geschützt zu sein

D) Um Dateien zu sortieren

FRAGE: WAS IST DER LIEBLINGSAKZENT DER TASTATUR?

A) Accent aigu (é)

B) Accent grave (è)

C) Circumflex (ê)

D) Umlaut (ö)

FRAGE: WELCHE ART VON „PAPIER" VERURSACHT DIE MEISTEN KONFLIKTE IM BÜRO?

A) Kopierpapier

B) Toilettenpapier

C) Notizzettel

D) Geldscheine

FRAGE: WAS TUN PROGRAMMIERER, WENN SIE HUNGRIG SIND?

A) Pizza bestellen

B) Einen Salat zubereiten

C) Eine Programmiersprache erfinden

D) Das Mittagessen googeln

DURCHGEFÜHRT AM: .... UM: ....

FAND ICH:

😃 😊 😌 😎 😋 😛 😝 😜 😇 😠 😕 🙁 😣 😮 😟 😖 😦 😽

WER HAT MITGEMACHT: ....

....

....

33. PLANE EINEN „SPASS-MITTWOCH" MIT KURZEN, HUMORVOLLEN AKTIVITÄTEN.

DIE IDEEN:

....

....

....

....

....

....

....

....

DURCHGEFÜHRT AM: .... UM: ....

FAND ICH:

WER HAT MITGEMACHT: ....

....

....

34. INITIIERE EINE 10-MINÜTIGE „LACH-CHALLENGE" – JEDER ERZÄHLT EINEN WITZ ODER TEILT LUSTIGE ANEKDOTEN.

DER BESTE WITZ:

....

....

....

....

....

....

....

....

....

DURCHGEFÜHRT AM: .... UM: ....

FAND ICH:

😇 😊 😊 😎 😗 😋 😣 😝 😛 😟 😕 🙁 😣 😮 😣 😖 😣 😹

WER HAT MITGEMACHT: ....

....

....

35. HALTE EINE „BÜRO-OLYMPIADE" AB, MIT KURIOSEN WETTBEWERBEN WIE PAPIERFLIEGER-WERFEN.

WER HAT GEWONNEN?

PLATZ 1: ....
....
....

PLATZ 2: ....
....
....

PLATZ 3: ....
....
....

DURCHGEFÜHRT AM: .... UM: ....

FAND ICH:
😋 😊 🙂 😎 😏 😜 😊 😄 🤢 😠 😓 🙁 😩 😱 😣 😵 😞 😵

WER HAT MITGEMACHT: ....
....
....

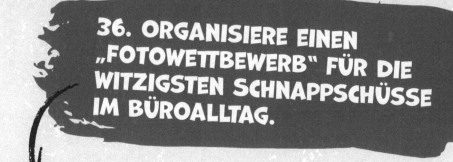

36. ORGANISIERE EINEN „FOTOWETTBEWERB" FÜR DIE WITZIGSTEN SCHNAPPSCHÜSSE IM BÜROALLTAG.

PLATZ FÜR FOTOS

DURCHGEFÜHRT AM: .... UM: ....

FAND ICH:

😃 😊 😋 😎 😏 😛 😝 😜 😺 😠 😐 😕 🙁 😫 😲 😟 😖 🙁 😨

WER HAT MITGEMACHT: ....

....

....

37. FÜHRE EINE „BÜRO-SCHATZSUCHE" MIT KLEINEN BELOHNUNGEN FÜR DIE FINDER EIN.

PLATZ FÜR IDEEN:

DURCHGEFÜHRT AM: .... UM: ....

FAND ICH:

😃 😊 🙂 😎 😏 😛 😋 😜 😘 😟 😐 😕 🤢 🤮 😣 😖 😞 😝

WER HAT MITGEMACHT: ....

....

....

38. ORGANISIERE EINEN „BÜRO-KULINARIK-TAG", AN DEM DIE KOLLEGEN IHRE LIEBLINGSGERICHTE ODER SNACKS MIT ANDEREN TEILEN UND SOMIT EINE KULINARISCHE VIELFALT IM BÜRO SCHAFFEN.

WAS WAR DAS BESTE?

PLATZ 1: ....

....

PLATZ 2: ....

....

PLATZ 3: ....

....

DURCHGEFÜHRT AM: .... UM: ....

FAND ICH:

😃 🙂 😌 😎 🤭 🤤 🥴 😋 🤪 🥵 😐 🙁 🤢 😡 🙁 😖 🙁 😼

WER HAT MITGEMACHT: ....

....

....

39. INITIIERE EINE KURZE „ENTSPANNUNGS-CHALLENGE" – SCHNELLE ENTSPANNUNG IN STRESSIGEN MOMENTEN.

5 SCHNELLE ENTSPANNUNGSTIPPS:

1. ATEMÜBUNGEN:

Setze dich bequem hin, schließe die Augen und konzentriere dich für einige Minuten auf deine Atmung. Tiefes Ein- und Ausatmen hilft, Stress abzubauen und den Geist zu beruhigen.

2. MIKROPAUSE IM GRÜNEN:

Gönne dir eine kurze Auszeit im Freien. Ein paar Minuten an der frischen Luft können Wunder wirken. Atme tief durch und lasse den Blick in die Ferne schweifen, um den Kopf freizubekommen.

3. STRETCHING AM ARBEITSPLATZ:

Dehne deine Muskeln, besonders den Nacken, die Schultern und den Rücken. Einige einfache Stretching-Übungen am Schreibtisch können helfen, Verspannungen zu lösen und die Durchblutung zu fördern.

4. MUSIKPAUSE:

Wähle eine beruhigende Playlist und gönne dir eine kurze musikalische Auszeit. Schließe die Augen, lehne dich zurück und lasse die Musik deine Gedanken beflügeln.

5. ACHTSAMKEIT IN DER TEEPAUSE:

Nimm dir bewusst Zeit für eine Teepause. Genieße jeden Schluck, spüre die Wärme der Tasse in deinen Händen und sei ganz im Moment. Das fördert Achtsamkeit und bringt Ruhe in den hektischen Arbeitsalltag.

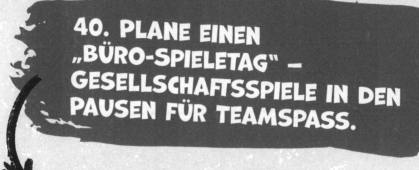

40. PLANE EINEN „BÜRO-SPIELETAG" – GESELLSCHAFTSSPIELE IN DEN PAUSEN FÜR TEAMSPASS.

DAS HABEN WIR GESPIELT:

....

....

....

....

....

....

....

....

DURCHGEFÜHRT AM: .... UM: ....

FAND ICH:

😃 😊 😉 😎 😋 😛 😵 🤪 😇 😖 😕 🥴 🤢 🤯 😣 😵 🙁 😴

WER HAT MITGEMACHT: ....

....

....

KAPITEL 5
FREITAGS-FEIERLAUNE!

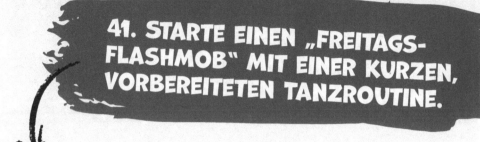

41. STARTE EINEN „FREITAGS-FLASHMOB" MIT EINER KURZEN, VORBEREITETEN TANZROUTINE.

PLATZ FÜR FOTOS

DURCHGEFÜHRT AM: .... UM: ....

FAND ICH:

😇 😊 😌 😎 😅 😛 😗 😜 😺 😡 😐 🙁 😩 💣 😣 😵 🙁 😓

WER HAT MITGEMACHT: ....

....

....

42. INITIIERE EINEN „CRAZY-HAT-FRIDAY" – JEDER TRÄGT AN DIESEM TAG EINEN AUSGEFALLENEN HUT.

PLATZ FÜR FOTOS

DURCHGEFÜHRT AM: .... UM: ....

FAND ICH:

😃 😊 😌 😎 😏 😜 😝 🤤 👽 😖 😐 😕 😫 😮 😣 😵 😟 😬

WER HAT MITGEMACHT: ....

....

....

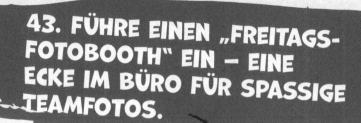

43. FÜHRE EINEN „FREITAGS-FOTOBOOTH" EIN – EINE ECKE IM BÜRO FÜR SPASSIGE TEAMFOTOS.

PLATZ FÜR FOTOS

DURCHGEFÜHRT AM: .... UM: ....

FAND ICH:
😄 😊 😉 😎 😋 😛 😝 😜 😤 😠 😵 🙁 😫 😮 😟 😖 😞 😲

WER HAT MITGEMACHT: ....

....

....

44. ORGANISIERE EIN „FREITAGS-FRÜHSTÜCK" MIT GEMEINSAMEM ESSEN IM BÜRO.

DIE EINKAUFSLISTE:

....

....

....

....

....

....

....

....

....

DURCHGEFÜHRT AM: .... UM: ....

FAND ICH:

😃 😊 😉 😎 😋 😝 😵 😂 😺 😟 😐 😕 😩 😮 😣 😖 🙁 😛

WER HAT MITGEMACHT: ....

....

....

45. STARTE EINEN „FREITAGS-LIP-SYNC-BATTLE" MIT DEN LIEBLINGSSONGS DER KOLLEGEN.

WER HAT GEWONNEN?

PLATZ 1: ....

....

....

PLATZ 2: ....

....

....

PLATZ 3: ....

....

....

DURCHGEFÜHRT AM: .... UM: ....

FAND ICH:

😃 😊 😌 😎 😋 😛 😺 😄 👽 😠 😐 🙁 😣 😡 😖 😵 😫 😜

WER HAT MITGEMACHT: ....

....

....

46. ERSTELLE EINE „FREITAGS-LOBESRUNDE" – JEDER HEBT DIE POSITIVEN LEISTUNGEN SEINER KOLLEGEN HERVOR.

DAS MÖCHTE ICH SAGEN:

....

....

....

....

....

....

....

....

DURCHGEFÜHRT AM: .... UM: ....

FAND ICH:

😃 😊 😄 😎 😳 😜 😷 😋 😛 😵 😐 😟 😞 😤 😣 😖 😣 😉

WER HAT MITGEMACHT: ....

....

....

47. PLANE EINEN „FREITAGS-KREATIVMARKT" – KOLLEGEN KÖNNEN SELBSTGEMACHTE KUNSTWERKE AUSSTELLEN.

PLATZ FÜR FOTOS

DURCHGEFÜHRT AM: .... UM: ....

FAND ICH:

😎 🙂 😋 😎 😋 😜 😕 😝 😛 😠 😬 ☹️ 😤 😫 😣 😵 ☹️ 😵

WER HAT MITGEMACHT: ....

....

....

48. INITIIERE EINEN „FREITAGS-SCHNACK" – KURZE, PRIVATE GESPRÄCHSRUNDEN ZUM WOCHENABSCHLUSS.

DARÜBER HABEN WIR GESPROCHEN

....
....
....
....
....
....
....
....

DURCHGEFÜHRT AM: .... UM: ....

FAND ICH:

😃 😊 😌 😎 😋 😜 🤪 😝 😟 😡 😕 🙁 😫 😲 😣 😖 ☹️ 😽

WER HAT MITGEMACHT: ....
....
....

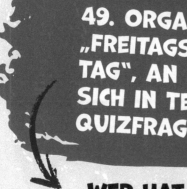

49. ORGANISIERE EINEN „FREITAGS-OFFICE-QUIZ-TAG", AN DEM DIE KOLLEGEN SICH IN TEAMS SPANNENDEN QUIZFRAGEN STELLEN KÖNNEN.

WER HAT GEWONNEN?

PLATZ 1: ....

....

....

PLATZ 2: ....

....

....

PLATZ 3: ....

....

....

DURCHGEFÜHRT AM: .... UM: ....

FAND ICH:

😃 🙂 😍 😎 😋 😛 🤗 😜 😲 😠 😐 🙁 😩 😱 😣 😖 😞 😥

WER HAT MITGEMACHT: ....

....

....

50. ORGANISIERE EINEN „FREITAGS-MINI-WORKSHOP" – KURZE, INTERESSANTE WORKSHOPS ZU VERSCHIEDENEN THEMEN.

DIE IDEE:

....

....

....

....

....

....

....

....

....

DURCHGEFÜHRT AM: .... UM: ....

FAND ICH:

😃 😊 😌 😎 😋 🤤 🥴 😜 😚 😠 😖 🙁 😫 😮 😣 😵 🙁 😵

WER HAT MITGEMACHT: ....

....

....

KAPITEL 6
BÜROLACHER UND HUMOR-HIGHLIGHTS

51. FÜHRE EINE „WITZ-WAND" IM BÜRO EIN – JEDER KANN SEINE LIEBLINGSWITZE POSTEN.

PLATZ FÜR FOTOS

DURCHGEFÜHRT AM: .... UM: ....

FAND ICH:

😃 😄 😌 😎 😋 😛 😝 😜 😍 😟 😰 🙁 😫 😲 😖 😣 😞 😺

WER HAT MITGEMACHT: ....

....

....

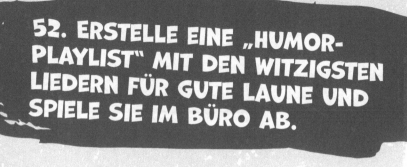

52. ERSTELLE EINE „HUMOR-PLAYLIST" MIT DEN WITZIGSTEN LIEDERN FÜR GUTE LAUNE UND SPIELE SIE IM BÜRO AB.

DIE PLAYLIST:

DURCHGEFÜHRT AM: .... UM: ....

FAND ICH:

😃 😊 🙂 😎 😋 😝 🤭 😛 😺 😟 😕 🙁 😩 😮 😣 😵 😖 🤪

WER HAT MITGEMACHT: ....

....

....

53. INITIIERE EINEN „WITZ DES TAGES"- WETTBEWERB – DER LUSTIGSTE WITZ WIRD PRÄMIERT.

WER HAT GEWONNEN?

PLATZ 1: ....
....
....

PLATZ 2: ....
....
....

PLATZ 3: ....
....
....

DURCHGEFÜHRT AM: .... UM: ....

FAND ICH:
😄 😊 😌 😎 😋 😛 😕 😜 😤 😠 😐 🙁 😩 😮 😣 😵 😦 😝

WER HAT MITGEMACHT: ....
....
....

DIE BESTEN TIPPS:

....

....

....

....

....

....

....

....

DURCHGEFÜHRT AM: .... **UM:** ....

FAND ICH:

😃 😊 😌 😎 😋 😛 😆 😜 😇 😠 😐 🙁 😫 😮 😣 😵 😞 😝

WER HAT MITGEMACHT: ....

....

....

55. ORGANISIERE EINE „FUNNY-MOVIE-NIGHT" MIT KOMÖDIANTISCHEN FILMEN NACH DER ARBEIT.

PLATZ FÜR FOTOS

DURCHGEFÜHRT AM: .... UM: ....

FAND ICH:

😃 😊 😉 😎 😋 😜 😝 😍 😘 😱 😳 😖 😌 😟 😫 😲 😣 😆 😦 😛

WER HAT MITGEMACHT: ....
....
....

56. EINFÜHREN EINES „FREITAGS-AFTERWORK-COCKTAIL-RITUALS"

WER IST DABEI?

....

....

....

....

....

....

....

....

....

DURCHGEFÜHRT AM: .... UM: ....

FAND ICH:

😃 😊 😍 😎 😋 😜 😵 😝 😘 😦 😕 😟 😫 😲 😣 😖 ☹ 😏

WER HAT MITGEMACHT: ....

....

....

57. FÜHRE EINE „LACH-YOGA-SESSION" IM BÜRO EIN – GEMEINSAMES LACHEN FÜR MEHR WOHLBEFINDEN.

PLATZ FÜR FOTOS

DURCHGEFÜHRT AM: .... UM: ....

FAND ICH:

WER HAT MITGEMACHT: ....

....

....

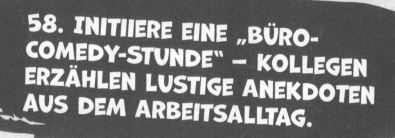

58. INITIIERE EINE „BÜRO-COMEDY-STUNDE" – KOLLEGEN ERZÄHLEN LUSTIGE ANEKDOTEN AUS DEM ARBEITSALLTAG.

DIE BESTEN GESCHICHTEN:

....
....
....
....
....
....
....
....

DURCHGEFÜHRT AM: .... UM: ....

FAND ICH:

😃 😊 😉 😎 😋 😛 😗 😜 😇 😠 😐 😕 😫 😡 😣 😵 🙁 😒

WER HAT MITGEMACHT: ....

....

....

59. STARTE EINE „SPITZNAMEN-CHALLENGE" – SCHREIBT SPITZNAMEN FÜR EURE KOLLEGEN AUF UND RATET, WEM WELCHER GEHÖRT.

DIE BESTEN SPITZNAMEN:

PLATZ 1: ....

....

....

PLATZ 2: ....

....

....

PLATZ 3: ....

....

....

DURCHGEFÜHRT AM: .... UM: ....

FAND ICH:

😄 😊 😉 😎 😘 😜 😚 😂 😍 😵 😐 😟 😬 😱 😣 😵 ☹️ 🤑

WER HAT MITGEMACHT: ....

....

....

KAPITEL 7
BÜROERINNERUNGEN UND TEAMFOTOS

60. STARTE EINE „EMOJI-CHALLENGE" – JEDER ÜBERLEGT SICH EIN EMOJI FÜR DEN ARBEITSSTIL DER KOLLEGEN.

DIE LUSTIGSTEN EMOJI-KOMBINATIONEN

....

....

....

....

....

....

....

....

DURCHGEFÜHRT AM: .... UM: ....

FAND ICH:

😃 😊 😌 😎 😋 😛 😝 😜 😺 😟 😐 😑 😔 😮 😣 😖 🙁 🤪

WER HAT MITGEMACHT: ....

....

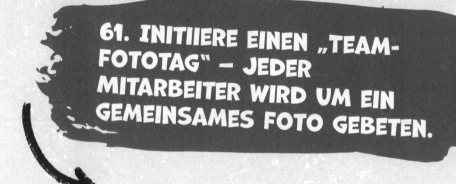

61. INITIIERE EINEN „TEAM-FOTOTAG" – JEDER MITARBEITER WIRD UM EIN GEMEINSAMES FOTO GEBETEN.

PLATZ FÜR FOTOS

DURCHGEFÜHRT AM: .... UM: ....

FAND ICH:

😄 😊 😋 😎 😏 😛 😝 😜 🤪 🥴 😕 😟 🥱 😲 😖 😵 😣 🤨

WER HAT MITGEMACHT: ....

....

....

62. FÜHRE EINE „BÜRO-COLLAGE-CHALLENGE" DURCH – GESTALTET GEMEINSAM EINE KREATIVE TEAMCOLLAGE.

PLATZ FÜR FOTOS

DURCHGEFÜHRT AM: .... UM: ....

FAND ICH:

😃 😊 😌 😎 😏 😛 😣 😝 😍 😠 😖 🙁 😫 😲 😣 😷 😞 😜

WER HAT MITGEMACHT: ....

....

....

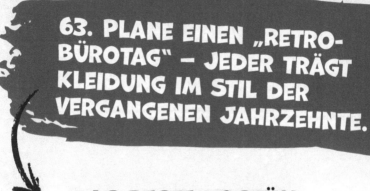

63. PLANE EINEN „RETRO-BÜROTAG" – JEDER TRÄGT KLEIDUNG IM STIL DER VERGANGENEN JAHRZEHNTE.

DAS BESTE KOSTÜM

PLATZ 1: ....
....
....

PLATZ 2: ....
....
....

PLATZ 3: ....
....
....

DURCHGEFÜHRT AM: .... UM: ....

FAND ICH:

😃 😊 😉 😎 😅 😛 😳 😆 👽 😧 😐 😟 🤢 💣 😣 😵 🙁 😬

WER HAT MITGEMACHT: ....
....
....

64. ORGANISIERE EINEN „BÜROERINNERUNGEN-ABEND" – KOLLEGEN TEILEN IHRE LUSTIGSTEN ERINNERUNGEN AUS DER FIRMA.

DIE BESTE STORY:

....

....

....

....

....

....

....

....

....

DURCHGEFÜHRT AM: .... UM: ....

FAND ICH:

😃 😊 😋 😎 😅 😜 😝 😛 😲 😠 😐 🙁 😖 😮 😣 😵 😦 😙

WER HAT MITGEMACHT: ....

....

....

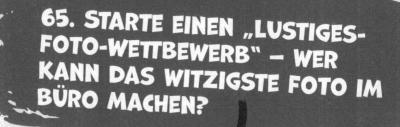

65. STARTE EINEN „LUSTIGES-FOTO-WETTBEWERB" – WER KANN DAS WITZIGSTE FOTO IM BÜRO MACHEN?

PLATZ FÜR FOTOS

DURCHGEFÜHRT AM: .... UM: ....

FAND ICH:

😄 😊 😌 😎 😏 😛 😅 😝 😜 😠 😐 😟 😣 😲 😖 😵 😞 😒

WER HAT MITGEMACHT: ....

....

....

66. INITIIERE EINE „BÜRO-JAHRESRÜCKBLICK"-SESSION – GEMEINSAMES ERINNERN AN BESONDERE MOMENTE.

DARÜBER HABEN WIR GESPROCHEN

DURCHGEFÜHRT AM: .... UM: ....

FAND ICH:

WER HAT MITGEMACHT: ....

....

67. FÜHRE EINE „BÜRO-ZEITREISE" DURCH – KOLLEGEN BRINGEN GEGENSTÄNDE MIT, DIE AN VERGANGENE ZEITEN IM BÜRO ERINNERN.

DAS WITZIGSTE PIECE

PLATZ 1: ....
....
....

PLATZ 2: ....
....
....

PLATZ 3: ....
....
....

DURCHGEFÜHRT AM: .... UM: ....

FAND ICH:

😃 😊 🙂 😎 🤭 😜 🤪 😝 😍 😵 😬 🙁 😣 😡 😱 😖 😫 😨

WER HAT MITGEMACHT: ....
....
....

68. PLANE EINEN „BÜROKALENDER-WETTBEWERB" – GESTALTET EINEN HUMORVOLLEN KALENDER FÜR DAS NÄCHSTE JAHR.

WER HAT GEWONNEN?

PLATZ 1: ....
....
....

PLATZ 2: ....
....
....

PLATZ 3: ....
....
....

DURCHGEFÜHRT AM: .... UM: ....

FAND ICH:

😀 😊 🙂 😎 😏 😛 😖 😋 🤩 😵 😟 🙁 😣 😫 😲 😤 😆 🙁 😕

WER HAT MITGEMACHT: ....
....
....

69. ORGANISIERE EINE BÜRO-CHARITY-CHALLENGE UND SAMMELT GELD FÜR EINEN GUTEN ZWECK.

DIESE BETRAG WURDE ERREICHT:

....

....

....

....

....

....

....

....

DURCHGEFÜHRT AM: .... **UM:** ....

FAND ICH:

😃 😊 😌 😎 😏 😛 😣 🤪 😇 😠 😕 😟 😫 😲 😖 😵 🙁 😬

WER HAT MITGEMACHT: ....

....

KAPITEL 8
BÜROABENTEUER UND HERAUSFORDERUNGEN

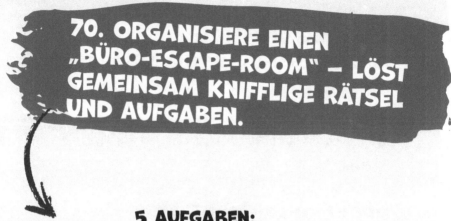

70. ORGANISIERE EINEN „BÜRO-ESCAPE-ROOM" – LÖST GEMEINSAM KNIFFLIGE RÄTSEL UND AUFGABEN.

5 AUFGABEN:

1. CODE-KNACKER-CHALLENGE:
- Verstecke Hinweise in verschiedenen Büroartikeln.
- Das Team muss die Codes entschlüsseln, um den nächsten Hinweis zu finden.
- Beispiel: Ein Post-it mit einem Buchstabencode auf der Rückseite.

2. KOMBINATIONSSICHERUNG:
- Platziere einen „Safe" in einem Schrank und hänge Rätsel auf, die Hinweise auf die Kombination geben.
- Die Hinweise könnten mit den Geburtstagen der Teammitglieder oder wichtigen Daten im Büro zu tun haben.

3. DAS MYSTERIÖSE DOKUMENT:
- Erstelle ein verschlüsseltes Dokument mit wichtigen Informationen.
- Das Team muss gemeinsam daran arbeiten, den Code zu knacken und die Anweisungen zu verstehen.

4. DAS TELEFONRÄTSEL:

- Verstecke ein altes Telefon oder ein Handy mit einem Anrufbeantworter in einem Schreibtisch.
- Lasse eine verschlüsselte Nachricht darauf zurück.
- Das Team muss den Code entschlüsseln, um den nächsten Hinweis zu erhalten.

5. DER BÜRO-LABYRINTH-WEG:

- Platziere Hinweise auf dem Boden, die ein Labyrinth durch das Büro bilden.
- Das Team muss den richtigen Weg durch das Labyrinth finden, um zum finalen Rätsel zu gelangen.

DURCHGEFÜHRT AM: .... UM: ....

FAND ICH:

WER HAT MITGEMACHT: ....

....

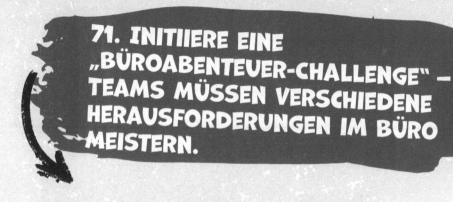

71. INITIIERE EINE „BÜROABENTEUER-CHALLENGE" – TEAMS MÜSSEN VERSCHIEDENE HERAUSFORDERUNGEN IM BÜRO MEISTERN.

WER HAT, WORIN GEWONNEN?

PLATZ 1: ....

....

....

PLATZ 2: ....

....

....

PLATZ 3: ....

....

....

DURCHGEFÜHRT AM: .... UM: ....

FAND ICH:

😃 😊 😉 😎 😋 😛 😳 😝 😇 😟 😐 🙁 😩 😱 😖 😵 😣 😜

WER HAT MITGEMACHT: ....

....

....

72. FÜHRE EINE „BÜRO-GEOCACHING-EXPEDITION" DURCH – VERSTECKE KLEINE RÄTSEL ODER GESCHENKE IM BÜRO.

DIE IDEEN DAZU:

....

....

....

....

....

....

....

....

DURCHGEFÜHRT AM: .... UM: ....

FAND ICH:

😀 😊 😊 😎 😏 😝 😣 😋 😍 😟 😕 😧 😩 😲 😖 😵 😢 😺

WER HAT MITGEMACHT: ....

....

....

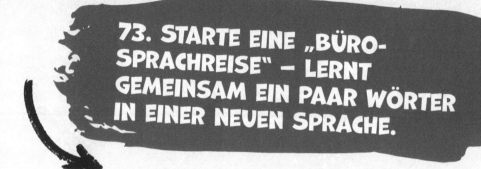

73. STARTE EINE „BÜRO-SPRACHREISE" – LERNT GEMEINSAM EIN PAAR WÖRTER IN EINER NEUEN SPRACHE.

WELCHE SPRACHE HABT IHR EUCH AUSGESUCHT?

....

....

....

....

....

....

....

....

....

DURCHGEFÜHRT AM: .... UM: ....

FAND ICH:

😄 🙂 😊 😎 😋 😋 🐼 😆 👅 😟 😐 🙁 😩 😲 😣 😵 😖 😜

WER HAT MITGEMACHT: ....

....

....

74. PLANE EINEN „BÜRO-SPORTTAG" – KURZE WETTKÄMPFE ODER SPIELE IM BÜRO DURCHFÜHREN.

WER HAT, WORIN GEWONNEN?

PLATZ 1: ....

....

....

PLATZ 2: ....

....

....

PLATZ 3: ....

....

....

DURCHGEFÜHRT AM: .... UM: ....

FAND ICH:

😄 🙂 😊 😎 😋 😛 😆 😜 😈 😠 😰 😐 🙁 😫 😮 😣 😵 😦 😝

WER HAT MITGEMACHT: ....

....

....

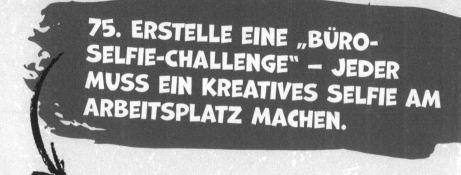

75. ERSTELLE EINE „BÜRO-SELFIE-CHALLENGE" – JEDER MUSS EIN KREATIVES SELFIE AM ARBEITSPLATZ MACHEN.

PLATZ FÜR FOTOS

DURCHGEFÜHRT AM: .... UM: ....

FAND ICH:

😃 😊 😋 😎 😘 😛 😅 😙 😈 😠 😐 🙁 😩 😮 😣 😵 ☹️ 😵

WER HAT MITGEMACHT: ....

....

....

76. ORGANISIERE EINEN „BÜRO-WISSENSMARATHON" – KOLLEGEN KÖNNEN IN KURZEN PRÄSENTATIONEN INTERESSANTE FAKTEN TEILEN.

DARÜBER HABEN WIR GESPROCHEN

....
....
....
....
....
....
....
....
....

DURCHGEFÜHRT AM: .... UM: ....

FAND ICH:

😃 😊 🙂 😎 😶 😋 😳 😜 😤 😵 😐 🙁 😫 😮 😣 😵 😖 😛

WER HAT MITGEMACHT: ....

....

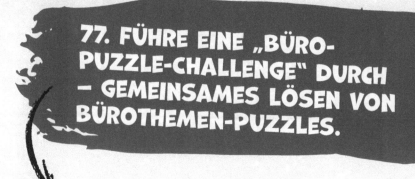

77. FÜHRE EINE „BÜRO-PUZZLE-CHALLENGE" DURCH – GEMEINSAMES LÖSEN VON BÜROTHEMEN-PUZZLES.

PLATZ FÜR FOTOS

DURCHGEFÜHRT AM: .... UM: ....

FAND ICH:

WER HAT MITGEMACHT: ....

....

....

78. INITIIERE EINEN „BÜRO-ENTDECKER-TAG" – ERFORSCHT GEMEINSAM UNBEKANNTE ECKEN IM BÜRO.

DARÜBER HABEN WIR GESPROCHEN

....

....

....

....

....

....

....

....

....

DURCHGEFÜHRT AM: .... UM: ....

FAND ICH:

😃 😊 😋 😎 😏 😛 😣 😝 😍 😟 😕 🙁 😖 😲 😣 😵 ☹ 😙

WER HAT MITGEMACHT: ....

....

....

79. KREATIVE POST-ITS: DEKORIERZ DEN ARBEITSPLATZ EINES TEAMMITGLIEDS MIT KREATIVEN POST-IT-KUNSTWERKEN.

DAS KREATIVSTE WERK

PLATZ 1: ....
....
....

PLATZ 2: ....
....
....

PLATZ 3: ....
....

DURCHGEFÜHRT AM: .... UM: ....

FAND ICH:

😄 😊 😋 😎 😏 😜 🤢 😋 🤮 😮 😐 😕 😫 😱 😣 😖 😟 😝

WER HAT MITGEMACHT: ....
....
....

happy mind books.

Deutschsprachige Erstausgabe Dezember 2023
Copyright © 2023 Tim Zweig

happy mind books.
Projektleitung, Covergestaltung und Satz: Wolkenart – Marie-Katharina Becker,
www.wolkenart.com
Bildrechte: ©Shutterstock.com

1. Auflage
ISBN: 978-3-910953-10-9

Printed in Poland
by Amazon Fulfillment
Poland Sp. z o.o., Wrocław

33589546R00057